novum pro

Bärbel Lesna

Texte der seelischen Befreiung

Lyrik und Prosa

novum ▲ pro

Dieses Buch ist auch als
e-book
erhältlich.

www.novumverlag.com

Bibliografische Information
der Deutschen Nationalbibliothek:

Die Deutsche Nationalbibliothek
verzeichnet diese Publikation in
der Deutschen Nationalbibliografie.
Detaillierte bibliografische Daten
sind im Internet über
http://www.d-nb.de abrufbar.

© 2014 novum Verlag

ISBN 978-3-99038-464-0
Lektorat: Katja Kulin
Umschlagfoto: Giuseppe Casalino
Umschlaggestaltung, Layout & Satz:
novum Verlag
Innenabbildungen:
Giuseppe Casalino (19)

Gedruckt in der Europäischen Union
auf umweltfreundlichem, chlor- und
säurefrei gebleichtem Papier.

www.novumverlag.com

Prolog

Es gibt so viel verschiedene Motive der schriftlichen Äußerung. Für die einen bedeutet das geschriebene Wort, sobald es auf dem Papier ist, eine Befreiung, für viele aber eine Überwindung, so viel von ihrem Innersten preiszugeben.

Selbst in den fantasievollsten Erzählungen steckt, wenn auch in verschlüsselter Form, noch immer sehr viel Autobiografisches.

Die Tagebuchführenden, die mit ihren akribischen Ausführungen für jede Minute ein Alibi haben, geben ebenfalls Autobiografisches preis, wenn auch oft geschickt aus der eigenen positiven Sicht der Dinge konstruiert.

Schlimm ist für wieder andere, wenn sie schreiben möchten und die Gedanken hüpfen ohne Zusammenhänge davon, der „rote Faden" entschwindet und somit das Leitmotiv.

Authentisches Schreiben bedeutet, den Moment abzuwarten, bis die Worte unbeabsichtigt zufliegen.

Schreiben heißt auch, mit seinem Menschsein ganz nah an andere herankommen zu können, sein Menschsein quasi anzubieten.

Texte der seelischen Befreiung

∾

Sich von dem Negativen befreien,
um das Positive tief im Innern zu bewahren.

∾

Es schreibt mich, es schreibt sich mir,
es drängt sich mir auf – kein „Waldesrauschen"
und kein „Mondscheingeflüster" …
Lass es mich auswischen!

Frühe Texte

.

Relativ

Licht steht in rot durchwobenem Grün,
Licht tanzt in Winden,
ertrinkt an taubstummen Rinden,
glimmt auf Insektenflügeln, die erglüh'n.
Wanderndes Licht, kulissenhaft abgestuft,
Märchenwaldlicht …
Licht, in deinen Augen gefangen,
mit deinen Augen sterbend;
Licht, das an Kanten zerbricht.

Mitgefühl

Unzensiert schreit ihr es aus euch heraus,
lasst es wie Sturzbäche hervorquellen,
bespeit euch gegenseitig mit euren Seelenauswürfen,
jeder sein eigenes Spiegelbild, vergebens.
Oh, nehmt mich beim nächsten Atemholen
mit hinein in den Sogschlund, macht mich unfähig!
Durchtränkt mich, das, was ich um mich herum
anzuhäufen beginne als Wegzehr in den Särgen!
Zermalmt mich und die Ichbezogenheit
meiner schäbigen Argumente!
Dass ich mit den Umrissen eurer Schatten zergehe,
bedeutungslos und nichtig wie der Staub unter euren Füßen;
macht mich porös, schockiert mein Schamgefühl, ja!
Und schleudert mich mit dem nächsten Brüllen
wieder hinaus …
damit ich das Ausmaß eurer Verzweiflung mitbekomme.

Eingeengte Bürgerlichkeit

∽

Während meine Hände Zierkissen zurechtstreichen,
während mein Atem Familienwappen vor Staub bewahrt,
während ich mich geistig über das Passive erhebe,
während des Nachts ich wehklage um die Liebe,
während ich Verkehrsunfälle mit der Anzahl
ihrer Opfer vergleiche,
während ich in den Zeitungen idealisierend
den sinnlosen Protest anderer
mit der Sympathie-Kundgebung eines Kopfnickens abtue …,
fordern verzweifelte Hände den Tribut meiner Existenz,
schreien Münder meinen Namen in die Nacht hinaus!
Und wie ich auszog, die Illusion im Herzen,
mit Flügeln, die mich emporhoben!
Man hat sie abgetrennt, die Flügel,
fein säuberlich umsäumt und geplättet,
jetzt hängen sie zivilisiert an Wänden,
neben irgendwelchen Hirschgeweihen und Eistierfellen −
gebrochene Flügel …

Unvermögen

Am Jericho deiner Seele
stößt meine Sehnsucht an kahle, totgraue Wände,
taumelt unermüdlich daran empor,
gleich lichthungrigen Schmetterlingen
– wundflügelverzweifelt –
gleitet willenlos ab
in öligem Rinnsal, in Traurigkeit ohne Ende.

Wurfgehemmte Bälle vollführen
Zickzackbewegungen zwischen Mauern,
verenden kraftlos
in der Trostlosigkeit des UNVERMÖGENS.

Der verrückte Straßenpoet

… stand da mit dieser wunderbaren,
unverschämt lautlos breiten
„Ich-komme-vom-Freibier"-Lache,
die urplötzlich alle Muskeln seines Gesichtes
auf einen Schlag verändernd in Gang brachte,
vollkommen übergangslos, ohne Zwischenstadium;
Marionettenmuskeln, alle mit Schnüren versehen,
in einer einzigen endend gezogen:
eine spontane Bewegung wie das Aufspringen
praller Kastanienblattknospen,
ihr zerknittert faltiges Blattwerk
explosiv auseinandersprengend-sprühender Feuerwerksspinnen
… fast exhibitionistisch, herausfordernd,
aber unabsichtlich.
Das ganze Gesicht, der ganze Körper
ein einziges schamlos-großartig-strahlendes Grinsen.
Rauschende Feste voller Satyre und Nymphen,
die irre Spur zerspringenden Porzellans,
spiralige Fortsetzung einer Mundbewegung,
Wellenrhythmik, die ein ins Wasser
gefallener Gegenstand auslöst.
Geschlossene Jalousielamellen, unerwartet plötzlich
in die Horizontale gebracht und Licht strömt ein
– Radikale Kulissenverschiebung –
Helligkeitskontraste verlieren ihre Spannung,
heben sich gegenseitig auf,
schwimmen ineinander über …
Ich werde von diesem lachenden Virus angesteckt
und bringe es nur zu einem armseligen Reflektieren.

Anpassung misslungen

So kommst du immer an:
Leicht vorgekaut, mit Antibiotika durchsetzt,
desinfizierenden Chemikalien appetitlich kredenzt.
Nicht dieses hygienische Weiß, das so sehr
an Leichentuch und Spital erinnert,
feilt hie und da noch ein Stück ab,
setzt Prothesen ein … nur nicht anecken,
sich als Weltverbesserer aufspielen wollen,
das Absolute, Reine als all-verbindlich hinstellen!
Geborgen friedvoll eingebettet in Mutterleib-Substanz,
es sich dort gemütlich einrichten.
Kleine Burgen bauen, mit niedlichen
Zuckerbäcker-Schutzwällen umgeben,
dein Monogramm eingeritzt in Zierbuchstaben.
Aber der Regen wird eigenwillig bizarre Strukturen
hineinwaschen, sie mit Moos bewuchern …
und mein erträumtes Gehäuse hängt immer noch voll
mit Schall und Rauch, mit seiner
Außendruck-Flügelschwingen-Sehnsucht
die Wände bespreizend, Kanten abtastend:
Erstickte Gurgellaute verenden
im Winkel meiner Schlummerecke,
behüpfen die Mauern von Anprall zu Anprall,
da, wo das Leben sich wie ein Rinnsal
zwischen Pflastersteinen zerteilt,
sich keine geradstrebige Linie mehr findet,
kein Gerüst, das zu umkleiden sich lohnte.

Hohlräume

Wieder einmal Augenblicke der Wahrheit,
des Vollzugs gekostet,
wie die Niederkunft einer Schwangerschaft,
entschieden und vollbracht.
Die Masken sind gefallen, das Urteil gesprochen;
ich stehe in deinem Zimmer
und fühle schon die Leere des Vollzugs,
den trägen Lavastrom des Unwiderruflichen
in meinen Blutbahnen,
die Urfesseln meiner Erdverbundenheit.
Durch so viele Vorstufen gewandert,
durch so viele sanfte Schattierungen getäuscht.
Als Endresümee betrachtet,
ein Abgrund zwischen Anfang und Ende.
Augenblick der Wahrheit …
zurückgekehrt von Kometenflügen,
vom Traume sandfarbener Inseln,
vom Du und Ich und Wir …
Du schlugst die Augen auf
und fandest dich in deiner
Einsamkeit wieder.

Ernüchterung

Frag mich nicht, was deinen Blick
am Abend zuvor so sanft machte,
ich müsste sonst weinen, dich verachten, jetzt,
wo du unverbindlich, entspannt, abschätzend,
deine kleinen Handgriffe
von Gehirnparzellen wohlgesteuert weißt.
Oh, ich habe es noch immer nicht begriffen:
die Welle, die uns aufhebt,
die unsere Sinne rebelliert,
den Triumph im Auge des Weibes davor
und den des Mannes danach!
Wie weich waren die Umrisse des Abendlichtes,
zerfließend mit dem Licht,
wenn du dich vor meinen Augen bewegtest ...
und am Morgen die unerbittlich harten Kanten,
die Abgrenzungen und der Kehricht,
der entfernt wurde für kommende Lust.

Vogelgezwitscher

– im Fallen von Bäumen erstarrt, erfroren,
jenes, das du damals
um deine Zweige maltest,
um jetzt in Verwesung zu sinken,
wo das Gras an unserer unwissenden
Leidenschaft gestorben ist;
… ein Film, der nicht abgelaufen ist.
– G e s t a u t e s –
Wir stehen an beiden
Enden einer Schnur,
die du nicht gewillt bist aufzuwickeln
und ich, den Faden verloren …
verloren mit meinen Augen
von unvollendeten Wortfetzen
verdichtete Luft zu durchdringen suche,
den Nebel, das Vage zwischen uns;
aber wir stehen gegeneinander,
nicht miteinander,
das Geordnete spricht gegen uns.

Ich möchte Mohn pflücken, den Moment,
wenn das Rot aus dem Grün sich faltet,
aber nicht hinunterschauen in den Schlund
der Fortpflanzungsorgane, wo
nackte Stempel sich emporrecken
und nicht dann, wenn die Blütenwände, zitternd
nach außen sich biegend, sich in den Wind hinauslehnen.

Erwachen

Und es kamen schwarze Vögel
in meinen träumenden,
unwissenden Garten geflogen,
verscheuchten all meine Schmetterlinge,
zerrissen mit ihrem giftigen Speichel
all die klaren, unberührten Wasserschatten
und zerstückelten sie
zu flatternden Fragmenten.
Aus ihrem Gefieder tropfte
zäh und unaufhaltsam: Wahrheit!
und ich fand mich nicht mehr zurecht
in dieser veränderten Welt,
es gab nichts mehr,
woran ich mich halten konnte;
ich taumelte wie irr
zwischen den schütteren Lauben
und den gestorbenen Blumen.

Nächtliches Ausgeliefertsein

So immer, dass mir die Dunkelheit
einen Gipsabdruck ins Gesicht macht,
mir den Atem verschlägt,
bedrückend sanft
ihre gotisch-sehnigen Greifarme
schlaff abknickend
in mein Gesicht baumeln lässt,
schwarze Perlenketten
auf mich herabrieseln …
sie tief hinein in ihren Kreis mich zieht
und wehrlos ich allein
mit Bildern der Vergangenheit
unendlich sich verknüpfend,
berechenbar nur im Detail,
dem großen Ganzen einverleibt –
dass überall sie steht und steigt
bis an den Rand und überschwappt,
sinkt, eindringt und alles tränkt
nach einem Atemzug nostalgischen Wehmutsdufts
der Vergangenheit –
tröstlich umfangen
und gleichzeitig ausgeliefert.

Schicksal

Da, wo du gehst, verdorren die Grashalme,
deinen Pfad säumen tote heiße Steine,
wo Tropfen der Unbefangenheit
mit einem leisen resignierenden Klageton
in der Sonne verzischen.
Wenn kaum du einen Arm ausstreckst
nach fernen Hainen,
rücken sie von dir ab wie Fata Morganen.
Was du anrührst – zauberische zarte Gebilde –
zerfällt zu Asche, ist Gaukelspiel, Seifenblasenhumbug.
Verdammnis bricht hinter dir die morschen Brücken ein,
schaufelt heimtückische Fallen, bedeckt sie,
verstohlen um die Ecke blinzelnd, mit deiner Blindheit.
Und so, dich auspendelnd in
deinen Freilaufbegrenzungen,
immer kleinere Kreise schlagend,
den Mittelpunkt in epileptischen Zuckungen
einkreisend du ein Gleichmaß suchst,
von einem Mitleidschleier aus
Rausch und Betäubung umgeben,
dich wegzustehlen aus diesem
kalten, fest gefügten Wahnsinn Welt,
zu verkriechen in rousseausches Laubwerk,
die Gradlinigkeit der Natur an dir geschähe ...
Doch was bringt dir Flucht und was Verharren?
Dem Warten einen Sinn abzugewinnen,
dich abzufinden mit Oberflächen-Bearbeitung,
Gewissenhaftigkeit im Belanglosen?
Nein, das ist nicht dein Schicksal!
Du wirst dein Schicksal selbst bestimmen.

Die Gerechten, die sich nichts vorzuwerfen haben

Immerzu, klagt mich an,
ihr Zerwühler, ihr Aufstöberer!
Die ihr mich in edelster Absicht
aus dem verstaubten Winkel
meiner selbstzerfleischenden Verzweiflung
zu retten euch anschickt.
Nur in groben Umrissen
habt ihr mit demoskopischem Glanz
in euren Augen begriffen,
wo die Fäden meiner Seele
chaotische Auswüchse annehmen.
Tut es, denn ihr belohnt euch
mit einem zufrieden rülpsenden Alibi
für Notfälle und ein ruhiges Gewissen
bei eurem: „Wir haben alles getan,
was in unserer Macht stand!"
Ich weiß, meine Zähne haben
in öde Selbstbegnügung sich verbissen,
ihr aber, mit euren gerechten Blicken,
ihr Lebenskünstler,
vor eurer Rettung möchte verzichtend ich mich drücken!

Oberflächlichkeit

Den Koitus als Sport betreiben,
das Liebesspiel als Geschicklichkeit üben,
als Talent preisen!
Liebe, die man nicht besitzt,
die man nur anwendet,
mit der man kokettiert, sie zu besitzen,
gleichzeitig danach lechzt:
das Drängen, die Erfüllung? – Das Vergebliche;
das Ziel zweier Augenpaare im Unendlichen –
und eine Parallele.

Melancholie

Bäume, sich absetzend
von drängendem, gleitendem Wolkengeschmier,
krummfingrig dünnknochige Arme
schwingen dunkel,
den Wind sichtbar machend;
dann, das Fenster und der Abstand,
grau – Autofriedhof;
lange geduldig harrend jenes Bild,
bis es sich unauslöschlich ins Hirn dir ätzt;
ändert sich dieses und jenes,
lichten sich Wolkenfetzen,
doch nichts verwischt das Ursprüngliche.

Werden und Vergehen

Auf rottigem Kot duftet Blühen,
sein Antlitz dem Morgentau entgegenstrebend.
Zart bricht es sich
aus modriger Verwesung Tod,
sucht nur die Sonne,
nicht Herkunft beschämende,
verbergend zu verhöhnen;
es denkt nicht nach,
was unter seinen Füßen gärte,
es atmet nur
und schert sich nicht darum,
was seine Reinheit unaufhaltsam nährte.

Ohnmacht eines Verweigerers

Er beginnt sich anzupassen,
seine fleischliche Rettung vorzubereiten,
das Zittern seiner Lippen nicht mehr
nach den Gezeiten des Mohns zu richten.
Lässt sich geduldig in bestimmte,
leicht überschaubare Kategorien einstufen,
schaut sich, aus anderer Perspektive, zu
bei diesem Transformationsprozess,
der sich an ihm vollzieht,
ihn einschmeichelnd beschleicht,
kaum merklich, aber stetig –
in Unnachgiebigkeit inselumspülender Fluten,
ständig Umrisse verändernd …
beobachtet halb interessiert, ruhig, gelassen,
resignierend, ohnmächtig, aufbegehrend,
eine in sich erschütternde, in ihm verhallende
Eruption leerer pathetischer Gesten.
Er beginnt sich langsam an den Anblick
schweinslederner Aktentaschen,
gefüllt mit Thermosflaschen
oder Börsenberichten, zu gewöhnen.
Proteste und Geschehnisse bleiben nur noch wirksam
in ihrer permanenten Steigerung;
seine Sinne, nicht seinen Geist müssen sie ansprechen.

Er hat sich damit abgefunden,
seine Augen mit Gestellen aus Kunststoff
vor der Sonne zu schützen
– Kaufhausfertigwarenfabrikation –
statt hainiger Efeuranken oder
dem Schatten deiner kühlen Hände,
heischt seinem Nächsten ein Lächeln
ganz seltsam verkrampfter Art ab,
denn er braucht es, möchte ihn sich
zum Verbündeten machen, macht sich beliebt,
nützlich, unentbehrlich, bemüht sich,
von Leuten akzeptiert zu werden,
die er nicht akzeptiert.

Ein letztes Aufbäumen

… und wenn er es plötzlich für richtig fände,
sich Vogelnester auf den Kopf zu stülpen,
oder wie irrsinnig auf Rollschuhen
durch Kaufhäuser im Zickzack zu rasen,
Halleluja auf den Lippen?!
… alle Blumen in den Parkanlagen abzupflücken
und sie den Blinden zu bringen …
und wenn es ihm plötzlich einfiele,
das Postsparbuch seines Vaters
einem Obdachlosen zu schenken,
seine Familie zu schockieren
mit einem Fünf-Jahres-Engagement
für eine vietnamesische Irrenanstalt?!
– Nein, ihr werdet ihn nicht schaffen,
kleinkriegen, zivilisieren, verwendbar machen
für eure großen „Kulturpläne“,
für eure Demoskopien und Typologien
und ihn dosenförmig konserviert
in eure spießigen Uniformen quetschen!
… aber er kennt seine Grenzen, seine Schwächen
und die eitle Selbstrechtfertigung
in der Bequemlichkeit leerer pathetischer Phrasen.

Du, was soll ich hier?

~

Du, was soll ich hier
im trauten Bauchsesselverhältnis,
dem Nest,
in dessen Besorgnis ich ersticke?
Da meine Sehnsucht Fäden spannt,
sich mit deinen Schmetterlingswimpern
zu verknüpfen –
da es aus deinem Munde
wie tauige Blüten regnet,
trichterförmige mit tiefem Schlund!
Leer stehe ich dekorativ in der Ecke,
fühl nur Heimat in deinen Armen.

Späte Texte

Kindertage

Vorsichtig,
die giftgrünen Moospolster abzuhebeln,
so wertvoll wie ein Schatz.
Noch keine Ahnung von Zerfall,
von Werden und Vergeh'n.
Die aufgerissenen nackten Bürgersteige,
Granatlöcher, gefüllt mit Glaskugeln,
so klar wie Kinderaugen.
Vor den Rußflocken fliehend,
gegenüber in dunkle Hauseingänge.
Auf den steinernen Stufen
die Mädchen, mit ihren Puppen
die Mutterrolle einübend,
so vertieft!
Kleine steife Plastik-Püppchen,
in leeren Streichholzschachteln
zum Zuschieben, weich verpackt
in gezupfter Angora-Wolle.
Am Muttertag den Flieder
mit pochendem Herzen
auf Ruinen pflückend.
Die Angst, Verbotenes zu tun,
gesteigert noch durch das Erscheinen
einer Männergestalt, bedrohlich lächelnd,
Körpernähe suchend … die Flucht,
und immer noch mit schlechtem Gewissen.
Wild, befreiend, explosiv
die Spiele der Kinder.
Sie sehen nur die Zeit vor sich,
noch leiden sie nicht unter der Vergangenheit.

Schönheit

Kaum haben wir dieses Gefühl,
etwas als schön zu empfinden,
ist da auch schon der Drang,
diese Empfindung zu zerstückeln,
zu hinterfragen und rational zu begründen.
Sind nicht auch Insekten
nur von leuchtender Farbenpracht angezogen,
weil vom Fortpflanzungstrieb bestimmt
und mit dem Naturgesetz verwoben?!
Warum belassen wir es nicht einfach dabei
zu sagen: „Es ist schön, weil es schön ist!
Es verschafft uns ein Glücksgefühl
und ist deshalb schön."
Nein, wir wollen wissen, warum gerade wir
es als schön empfinden, und warum gerade jetzt!
Vielleicht urteilen wir aus existenzieller Sicht
oder wir gesteh'n uns ein,
einfach nur sentimental zu sein,
um uns am Ende selber zu kritisieren,
und so die anfangs so kostbare,
aber fragile Empfindung
kaputt zu rationalisieren.

Landschaft am Fluss I

Worte finden

∽

So, dass wir wortlos und frustriert zurückbleiben,
wo die Fingerspitzen doch so nahe dran waren
und wo doch nur die stumme Umarmung
auf der Oberfläche verhaftet bleibt.
Ich taste die verworrenen, verknoteten Fäden,
die tief in dein Inneres führen
und dort verknotet und rätselhaft bleiben ...
und wenn ich schon keine Worte finde
und hilflos zurückbleibe,
so quält mich dieses Unvermögen:
Sag mir doch, wie? Wie kann ich dir helfen,
wie kann ich uns helfen?
Was kann ich tun, wie soll ich es anfangen?
... Worte zerpflücken,
sie ständig auf ihre Fragwürdigkeit überprüfen.
Einer auf die Empore gehievten Marionette,
die brav nickt: „Mea culpa, mea culpa!"
Trauer und Freude, so dicht beieinander,
doch ohne Trauer könntest du gar keine Freude empfinden.
Komm einfach in meine Arme und lass dich wortlos drücken!

Die Vertreibung

Oase I – Traum und Illusion

Spanische Treppe

Gefühlsduseleien

Dass der Mensch alles vermenschlichen muss,
die Vöglein „munter zwitschern" lässt,
das Prädikat „fleißig" auf die Ameise anwendet!
„Die Schmetterlinge sind gut,
Ratten und Kellerasseln böse."
„Der liebe Gott hat einen langen weißen Bart
und schaut wohlwollend auf uns herab."
Ist das nicht schon Blasphemie,
aus menschlicher Naivität entstanden?
Das rührt die Menschen:
Neue Geschichten von dem kleinen weißen Eisbären
und nicht die schwarze Verzweiflung
auf der Insel Lampedusa.
Der schale besinnliche Milchkaffee-Geschmack
im Smalltalk-Dreivierteltakt,
das Brave-Mädchen-Syndrom der Fleißarbeit …
und pünktlich vor Weihnachten
werden wir dann besinnlich.
Wir besinnen uns auf die eigene Besinnlichkeit:
„Lasst uns froh und munter sein!"
Bei süßem Kling-Glöckchen-Oberflächen-Gesäusel
und herzzerreißenden Charity-Absichten,
wobei „Charity" im Endergebnis
auf dem Weg der Eitelkeiten
einen humanen Zweck erfüllt,
unter dem sentimentalen Schleier religiöser Gefühle.
Dass der Mensch dazu neigt, alles zu vermenschlichen!
Die Hunde bekommen „nachdenkliche Gesichter".

Der Teufel, von dem wir angeblich besessen sind
und exorzistisch befreit werden müssen,
erscheint uns mit einer „hämischen Fratze",
anstatt die kranke Seele zu durchforsten.
Wir sind von ihm in Besitz genommen worden
und tragen deshalb für unser Tun keine Verantwortung.
Schnell mal ein paar „Vater unser", ein „Ave Maria",
ein beschwörendes Kreuzzeichen und zu guter Letzt:
„Wenn das Geld im Kasten klingt,
die Seele aus dem Fegfeuer springt!"

Mit dem Rücken an der Wand

Sie kämpft wie eine Löwin für ihre Kinder,
es soll sie nur keiner herausfordern!
Sie spannt die Fäden, sie wägt die Unsicherheiten ab.
Sie koordiniert die einzelnen Handlungsstrategien
mit weitsichtiger Diplomatie und Herzenswärme.
Wer es wagt, ihre Schwächen auszunützen,
wird bald eines Besseren belehrt.
Sie ist der Mittelpunkt,
kraftstrotzend und doch so zerbrechlich.
Bei ihr enden alle Fragen und Antworten.
Sie ist der Fixstern, um den die Kometen kreisen.

Als Mensch, nicht als Frau

Wie schön, das Älterwerden der Frauen,
dem Gegenüber in Freiheit
in die Augen zu schauen,
– humanum neutrum – die Freiheit genießen,
sich nicht als Frau beweisen zu müssen,
als Weibchen darzustellen,
doch nur als Mensch.
Keine anzüglichen Pfiffe mehr hinterhergetragen,
an der Straßenecke zu stehen, fast unbemerkt.
Auch verzeihlich sind dumme Fragen.
Den Tag einzuteilen nach Herzenslust
und selbst zu entscheiden, ob Lust oder Frust …
Und nichts mehr zu verlieren
und nie mehr falsche Gedanken zu haben,
wenn ein Freund dich drückt an die Brust.

Daseinsberechtigung

Oh Mensch, kriech doch aus deinem Erdloch heraus,
die andern warten schon auf dich.
Vergiss nie, dass all dies Irdische
nur geliehen ist, verbeiß dich nicht zu sehr!
Was zählt am Ende sind die Spuren,
die du hinterlässt, doch die verfliegen schnell.
Was bleibt, ist
das nicht Greifbare, das Unfassbare.
Kaum begreifst du die Welt,
musst du auch schon geh'n.

Otto Lackenmacher

Karges Leben

Leben

Der Duft der weiß begrenzten Büsche,
die dein sinnliches Empfinden geprägt haben,
das heiße Pflaster,
das dir die Fußsohlen verbrennt,
und wenn du schwebend hoch oben versuchst,
den Boden zu berühren,
merkst du im Fallen,
dass du keine Flügel hast.

Dieser Moment in der Sonne,
dies Flirrende, Zitternde, Gleißende …
Ich halte den Atem an,
drehe meinen Körper behutsam,
den Radius zu erweitern,
um noch mehr aufzunehmen
von der Fülle der mediterranen Düfte,
dem Rausch der Natur,
der Stille, die Geräusche noch stärker macht.

Soll ich dir aufzählen alles Leid,
dann begreifst du auch die Freud',
die Lust am Leben,
das sich anklammern und loslassen können.

Blumenwiese

Die ewigen Nomaden

Die uralte Angst ist ihnen als Erbe geblieben,
sie legt sich wie eine Haut, wie ein Mantel
um all ihre Entscheidungen,
zum Schutz, zur Abwehr,
um allen Verdächtigungen, Vermutungen
Einhalt zu gebieten.
Es macht sie vorsichtig,
es macht sie hellhörig
… Synagogen brennen wieder,
man sagt, es waren die Palästinenser,
aber es war das uralte unbegreifliche Phänomen Hass.
Sie sind auf der Hut,
auch ihre Kinder und Kindeskinder
haben dies Erbe mitbekommen,
nur sie wissen es nicht,
aber sie sind auf der Hut.

Stillleben

Verkrustete Oberflächen

Religion erstickt im Brauchtum,
bleibt auf der glitzernden Oberfläche haften,
in festgefahrenen Riten,
erstarrt in bedeutungslosen Symbolen,
goldverbrämten barocken Marienstatuen
und niedlichen Gipsputten.
Huldvoll nickend vom Elfenbeinturm,
im Prunkornat, der Oberhirte.
Unter den verkrusteten Oberflächen
und Selbstkasteiungen
kann sich Liebe nicht entfalten,
unterwirft sie sich Gesetzen und Geboten.

Erzwungene Heiligkeit

„Barmherzige Brüder",
unter braunen Mönchskutten
die Fleischeslust verbergend,
Enthaltsamkeit durch ein Seil gehalten;
wo Zungenlust den Ausgleich sucht
in Fleischesfülle.
Scheue junge Mädchen,
noch Kinder in Abhängigkeit,
noch nicht gelebtes Leben.
Wenn braune Kutten wie zufällig Brüste streifen
und väterlich die Wangen tätscheln.
Was ist passiert hinter den Türen,
in den Gebetsrefugien,
in den Beichtstühlen?
Wo Scham die Schuldgefühle nährt
und Schein die Scheinheiligkeit?

Vase mit Rosen

Felsenstadt

Die vererbte Last

Im Krieg geboren zu sein …
das Sirenengeheul der Bombenalarme allgegenwärtig
und eingemeißelt in den Gehirngängen,
mit der Hektik in den Evakuierungswaggons,
quasi mit der Muttermilch aufgesogen –
also eine angeborene instinktive Hellhörigkeit,
wenn sie schon wieder dabei sind,
ihre guten Vorsätze zu brechen
mit Waffengewalt, Zerstörung und Gemetzel.
Zuerst nennt man sie die Verteidigungstruppe,
dann die Befreiungstruppe,
dann die Wiederaufbautruppe dessen,
was sie selbst zerstört haben;
und zum Schluss, zur eigenen Rechtfertigung
und mit besonderem Zynismus:
die Friedenstruppe.

Der Gott des Gleichgewichts

Oh Gott, lass mich begreifen den tieferen Sinn:
dies Kind, dessen Augen leuchten
vor Glück und Unbefangenheit,
wenn es seinen kleinen Hund sicher
zwischen den parkenden Autos hindurchführt,
das gediegene Elternpaar, die Sicherheit
im Hintergrund wissend …
und dann jenes Kind,
das sich auf Beinstummeln fortbewegt
und niemals Kind gewesen ist!
Oh Gott, lass mich begreifen den tieferen Sinn!
Was geht in diesen Menschen vor,
was treibt sie an im kosmischen Machtgefüge?
Kriege geschehen und werden verursacht,
um so anderen Menschen einen Sinn zu geben,
sie zu verhindern oder die Folgen zu mildern,
und dass sich so die Nächstenliebe
und das Mitleid äußert?!
Oh Gott, lass mich begreifen den tieferen Sinn!
Keinem hat er alles gegeben,
jedem etwas davon …
„Damit ihr erfahret, dass ihr einander bedürfet!"

Cattenom

Es wiederholt sich alles

~

Praktikanten im Schulalter werden gesucht,
militärische Nachwuchssorgen.
Mit Mutproben und Abenteuer wird geworben:
„Ausbildung zum Kampfschwimmer und Minentaucher,
auch als Auslands-Einsatz möglich" – wie aufregend!
… Wenn ihr wüsstet, ihr armen Kinder!
Wie war das noch mal in ferner Vergangenheit?
Kinder in Uniform – Soldatenmangel.
Es wiederholt sich alles …
Bibelverse auf militärischen Feuerwaffen,
eine Tradition aus dem Ersten Weltkrieg,
die Segnung der Waffen
Legitimation des Mordens
im Namen Jesu,
im Namen der Missionierung
Menschen jagen.

Der Krieg geht weiter
(nach dem Krieg ist immer vor dem Krieg)

Nichts aus der Geschichte gelernt
und in die Harmlosigkeit abgedriftet!
„Eichenlaub für mutiges Verhalten",
als Ansporn: „Macht weiter so, Kameraden!"
Auch wenn ihr jetzt noch etwas ratlos
ob dieser unbegreiflichen Ehrung seid.
Kopf hoch, der Krieg ist noch lange nicht zu Ende,
noch viel „Eichenlaub" steht für euch bereit.
Das kommt aus einem Land,
wo man Gemetzel gemütlich
vor der Glotze konsumiert
mit einem angenehmen Nervenkitzel
und der Gewissheit, man ist ja nicht dabei.

„Wenn's um 'ne große Sache geht, da muss man doch
auch mal ein paar zivile Opfer in Kauf nehmen!"
Krieg ist wieder salonfähig geworden:
„Erleben Sie die Stars der Militär- und Blasmusik,
die Marschmusik-Folklore mit einer Prise Klassik!"
Es werden prächtige Uniformen geboten,
„Radetzky-Märsche" und die „Alten Kameraden",
pure moderne Kriegs-Romantik …
„Sie sind hautnah dabei – auch eine Anregung
für ein persönliches exklusives Weihnachtsgeschenk!"

Grabstätten

~

Friedhof – Ort kindlicher Abenteuerlust,
naturbewuchert.
Balancieren auf moosbedeckten
umgefallenen Grabsteinen.
Umkreisen verwitterter Säulen
von Krieger-Gedenkstätten
der längst Vergessenen,
vor langer Zeit Begrabenen.
Jetzt den Ahnen die letzte Ehre erweisen,
den verdichteten Wildwuchs
mühsam entfernen.
Ab und an, in schnellem Vorbeihuschen,
ein Kaninchen, das diesen Ort
auch als friedlich empfindet.

Was dir noch bleibt ...

Aufsaugen wie ein Schwamm – unersättlich!
Die kärgliche Ernte einfahren,
die letzten, vom Winde zerstreuten Strohhalme
und welken Blätter zusammenfegen.
Das Letzte aus dir herausholen!
War es nur so viel gewesen?
Sind dies die letzten Zuckungen,
die letzten euphorischen Verwandlungen?
… und du wolltest doch noch so viel geben
und nicht nur nehmen!
Kann man das alles noch umkehren,
die Uhr noch mal um zwei Umdrehungen aufziehen
oder bist du schon tief unten in der Grube
und machst nur noch gerade
ein paar beherzte Hüpfer?

Ausklang

Nur wer die Metaphern zu deuten weiß,
dringt unter die Oberfläche in dein Inneres.
Hast du dies ausgestellt
nur für einen kleinen Kreis
auserwählter Geheimbündler
und eingeweihter Code-Entschlüssler?

Der Rest muss draußen bleiben
und wäre doch so gerne eingeweiht.
Nimm die Dinge beim Wort
und sprich sie einmal
klar und deutlich aus!

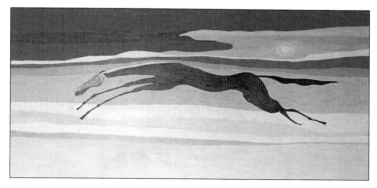

Ausklang

Fischerdorf

Venedig

Garten mit Kompost

Ländlicher Ausblick

Bäume am Fluss I

Bäume am Fluss II

Die Autorin

Bärbel Lesna, geboren 1943, absolvierte Berufs-
ausbildungen zur Gärtnerin und Arzthelferin. Sie
schaffte es, beide Berufe auszuüben, engagierte
sich im sozialen Bereich und nahm an diversen
ökologischen Gartenprojekten teil. Ihr Interesse in
ihrer Freizeit gilt neben ihrer Familie der Literatur,
Kunst und Ökologie.

novum VERLAG FÜR NEUAUTOREN

Der Verlag

*Wer aufhört
besser zu werden,
hat aufgehört
gut zu sein!*

Basierend auf diesem Motto ist es dem novum Verlag ein Anliegen neue Manuskripte aufzuspüren, zu veröffentlichen und deren Autoren langfristig zu fördern. Mittlerweile gilt der 1997 gegründete und mehrfach prämierte Verlag als Spezialist für Neuautoren in Deutschland, Österreich und der Schweiz.

Für jedes neue Manuskript wird innerhalb weniger Wochen eine kostenfreie, unverbindliche Lektorats-Prüfung erstellt.

Weitere Informationen zum Verlag und seinen Büchern finden Sie im Internet unter:

www.novumverlag.com